HISTOIRE

TRAGIQVE ET TRES

REMARQVABLE ARRIVEE

depuis peu de iours en la personne
d'vn ieune Estudiant au College
de Montaigu, & des choses
qui en sont ensuiuies.

A PARIS,

Chez RENE' BRETET, pres le College
de Reims.

M. DC. XXIV.

Auec Permission.

HISTOIRE VERITABLE

& tres-remarquable, arriuee depuis peu de iours en la perſonne d'vn ieune eſtudiãt au College de Montaigu, & des choſes qui en ſont enſuiuies.

VN grand perſonnage nous apprend qu'il y à deux ſortes d'arts que les hómes ont inuentez pour l'entretenement de la ſanté du corps, c'eſt aſſauoir la Medecine & les exercices de la perſonne, dont l'vne procure la ſanté, & l'autre la force, la gaillardiſe & la diſpoſition : mais l'eſtude des lettres ou pluſtoſt la vraye Philoſophie, eſt la ſeule medecine des infirmitez & des maladies de l'ame; car par elle nous cognoiſſons ce qui eſt honneſte ou deshonneſte, ce qui eſt iuſte ou iniuſte, & generallement ce qui eſt à fuir ou à eſlire : comme il ſe faut comporter enuers Dieu, enuers les pere & mere, enuers les vieilles gens, enuers les Loix, enuers les eſträgers ſes ſuperieurs, ſes ſeruiteurs &c. Pource qu'il faut adorer & aymer Dieu de tout noſtre cœur, honorer ſes parens, porter reuerence aux vieilles gens, obeyr aux Loix ceder aux ſuperieurs, aymer ſes amis, n'outrager point ſes ſeruiteurs, & ce qui eſt de principal ne ſe monſtrer point ny trop eſiouy en proſperité, ny trop triſte en aduerſité, ny diſſolu en volupté, ny furieux & trãſporté en cholere. Voila ce que nous eſtimons eſtre les principaux fruicts qu'on peut recueillir de l'eſtude des bonnes lettres: Car ſe porter genereuſement en proſperité, cet acte d'honneur, s'y maintenir ſans enuie, ſigne de nature douce & traictable, ſurmonter les voluptez par raiſon de ſageſſe & tenir en bride la colere n'eſt pas œuure que toute perſonne ſcache faire. L'exemple d'vn ieune Beneficier nous en peut donner vn certain teſmoignage.

Il y à quelque temps qu'vn honneſte bourgeois de ceſte ville deſireux du profict & de l'aduancement de l'vn de ſes enfans fit en ſorte par le moyen de ſes amis de luy faire auoir vn Benefice, eſperant que du reuenu d'iceluy il en pourroit viure honneſtement le reſte de ſes iours; Tellement que pour le rendre capable de iouyr de ce Benefice, il le retira de ſa maiſon en laquelle il auoit paſſé le meilleur de ſa ieuneſſe en trop grande liberté pour le

mettre au College: Mais trop tard pour luy
faire quitter la mauuaiſe habitude en laquelle
il s'eſtoit formé chez luy.

Il me ſemble qu'il ne ſeroit hors de propos
de vous rapporter le gentil apophtegme d'A.
riſtippus, pour enſeigner aux peres qu'ils ne
doiuent eſtre ſi negligens à faire inſtruire
leurs enfans, quelquesfois crainte de debour-
ſer quelque ſomme d'argent, quelquesfois
auſſi par le meſpris qu'ils font des ſciences, &
neantmoins le ſcauoir eſt vne qualité Diuine
& immortelle en nous: A ce propos donc
Ariſtippus ſe mocqua vn iour plaiſamment
& de bonne grace d'vn ſemblable pere, qui
cherchoit à ſon fils vn maiſtre à bon marché:
Car comme ce pere luy demandaſt combien
il vouloit auoir pour luy inſtruire & enſeigner ſon fils, il luy reſpondit cent eſcus: Cent
eſcus dit le pere, ô Hercules? ceſt beaucoup:
comment i'en pourrois achepter vn bon Eſ-
claue de ces cent eſcus, il eſt vray reſpondit
Ariſtippus, & en ce faiſant tu auras deux Eſ-
claues, ton fils le premier & auſſi celuy que
tu auras achepté.

Mais auſſi qu'en aduient-il puis apres à ces
bons peres la qui ont mal employé la ieuneſſe
de leurs enfans? nous le voyós tous les iours,
car ſi toſt que tels enfans ſont paruenus à l'âge

d'homme, ils ne veulent point ouyr parler
de viure reglement n'y en gens de bien, mais
s'abandonnent à toutes sales vilaines & fer-
uiles voluptez, & alors tels peres fe repentét
trop tard à leur grand regret, d'auoir ainfi
paffé nonchalamment la nourriture & inftru-
ction de leurs enfans: mais cela ne fert plus de
rien quand les fautes que iournellemét com-
mettent leurs enfans les font languir de regret, comme le pere de ce ieune hôme l'a bien
experimenté: car l'ayant mis quelques annees
fous la difcipline des Peres Iefuiftes reco-
gnut à la fin que fon fils n'auóit quitté les vices efquels il eftoit enclin auparauant: Car ce
ieune homme pourfuiuãt toufiours l'amour
qu'il portoit à vne miferable desbauchee, il fe
veautroit auec cefte vilaine le plus fouuent
qu'il luy eftoit poffible, fi bien que le pere a-
pres auoir efté aduerty du mauuais gouuer-
nement de fon fils voulut y apporter quelque remede, & à ce fuiet il fut confeillé de le
placer dans le College de Montaigu la où la
plus part des enfans mal nourris & defia def-
bauchez ont accouftumez d'eftre renfermez,
affin que l'ó puiffe vaincre & furmonter par
bonne difcipline leurs mefchãtes inclinatiós,
le pere ne voulãt pourtant l'y códuire de force, vfa de cefte ruze pour l'y enfermer plus

facilement, il luy fit entendre que l'vn de ſes amis auoit procuré pour luy quelque autre Benefice enuers l'vn des graues Prelats de noſtre France, lequel Benefice pourroit augmenter celuy qu'il auoit deſia obtenu auparauant, & luy ſeroit vn grand aduancement en ſes affaires: Et que pour ceſte raiſon il eſtoit de beſoin d'aller trouuer ce Prelat à ſainĉte Geneuiefue, là ou eſtant le pere le demanda à vn de la Maiſõ qu'il auoit embouhé, fit reſpõce que ce Prelat eſtoit pour lors dãs le College de Mõtaigu, & qu'il ſeroit tres à propos de l'aller trouuer, le fils ne ſe doutãt aucunemēt que ſon pere le vouluſt rēfermer dãs ce College y alla ſans aucune difficulté, ou eſtant le portier eut commandemēt de fermer la porte ſur luy & fut mis auſſi toſt ſous la charge d'vn honneſte homme d'Egliſe affin de le coriger de ſes vices, & luy enſeigner le chemin de vertu : Tellement que forcé ou non, il fut contrainĉt de s'accouſtumer à la façon de viure de ceux qui ſont retenus en ce College.

Mais, cõme diĉt S. Paul, le Diable qui eſt noſtre aduerſaire & noſtre ennemy iuré, cherche nuiĉt & iour, & à toute heure faiĉt la rõde pour ſurueiller nos aĉtiõs affin de nous mettre en voye & chemin de malheur, ſi nous ne demeurons fermes en la foy, & ſi nous n'a-

uons la charité de laquelle parle le mesme S.
Paul, lors qu'il dit aux Rom. 5. la charité de
Dieu est espanduë en nos cœurs par le S. Esprit qui nous a esté donné. Or le S. Esprit
faict deux choses, dit S. Bernard , *mouet af-
fectum & illuminat intellectum*, il esmeut l'affection & illumine l'entendement, il nous
donne la cognoissance des choses que nous
deuons faire, & nous illumine, mais c'est peu
de chose d'entendre ce que nous deuons faire si nous n'auons l'amour & l'affection.

Aussi cest Escholier n'ayant comme il est à
croire aucun amour & affection Spirituelle
en luy, quelques mois apres auoir esté en ce
lieu il fut en la chambre de l'vn de ses compagnons dans laquelle entr'autres choses il ad-
mira l'ouurage d'vn Tableau de Susanne assés
bien representee, alors surpris de tentation
souhaitta par plusieurs fois de pouuoir iouyr
de quelque creature ou aussi belle en effet
que ce portraict en apparance , ou pour le
moins qui en peut approcher; parolles mes-
chamment rapportees en la contemplation
d'vn subiect si chaste. Aussi est-il tres-verita-
ble ce que la nature nous enseigne que nous
ne parlons de rien plus souuent que de ce que
nous auons au cœur. Apres telles paroles il
fut curieux de sçauoir de son compagnon qui
auoit

auoit fait ce tableau ; l'autre tres-mal aduifé, luy refpondit que luy-mefme l'auoit fait, & que s'il fe vouloit mettre en l'obeiffance du diable il en pourroit faire autant; Paroles ve-ritablement qui me font trembler d'hor-reur, noftre Efcholier neantmoins y preftás l'aureille, & à plufieurs autres difcours , par lefquels l'autre luy faifoit entédre qu'il vfoit de certains carracteres pour mettre en exe-cution ce qu'il defiroit entreprendre; le fup-plie auec inftance de le faire participant de fes fecrets,à quoy l'autre fit refponfe que ce-la ne fe pouuoit faire fi premierement il ne s'eftoit donné au diable. L'Efcholier s'y ac-corda; fi bien que celuy-cy luy ayant don-né affignation de fe trouuer en quelque lieu retiré, à dix heures du foir , il fut en aduertir trois ou quatre de fes compagnons qui ne manquerent de fe cacher au lieu affigné pour confiderer la refolution du perfonna-ge, qui ne fit faute de s'y trouuer à l'heure dite, où eftant il commença à inuoquer vn certain Demon, le nom duquel , l'autre a-uoit inuenté à fa fantaifie. L'vn de ceux qui s'eftoient cachez fe prefenta incontinent, qui s'eftoit defguifé, encor bien qu'il n'euft peu eftre recogneu, à caufe de l'obfcurité du lieu où ils eftoient. Ce diable feint ayant

accordé les trois demãdes que noſtre Eſcho-
lier auoit faite, à ſçauoir de luy donner de
l'argent, de luy donner le moyen de ſortir
du College, & de pouuoir iouïr de celle qu'il
aymoit. Il luy dit que tout cela ſe feroit,
pourueu qu'il fut premierement marqué de
ſon caractere, à quoy ce pauure miſerable
s'accorda. Alors ce maiſtre diable ayant ap-
pellé ces autres ſatellites pour apporter ces
caracteres. Voila que ceux qui eſtoient cachez, apres l'auoir deſpoüillé ils commen-
cerent à le chapitrer de telle façon, qu'on
euſt creu que c'eſtoient pluſtoſt diables que
perſonnes, comme de fait ils eſtoient petits
diables feints. Apres ceſte premiere ſecouſ-
ſe, il fut renuoyé auec commandement d'y
retourner le lendemain, pour receuoir ce
dont ſa vaine eſperance eſtoit nourrie. Il
vous faut ſçauoir qu'à ceſte premiere ren-
contre il ne fit aucune action de reſſentimẽt,
& n'en dit iamais aucun mot, ſe retirans en
ſa chambre comme à l'ordinaire, auec tres-
bonne volonté d'y retourner le lendemain.

Conſiderez, Meſſieurs, à quelle extrémi-
té ſe reduict vne ame, lors qu'elle eſt en chemin de perdition. Dieu monſtra neantmoins
par la fin de ceſte Tragedie, qu'il ne vouloit
la mort de ce pecheur, luy ayant donné le

temps de se conuertir ; car comme le diable
lie & blesse les hommes en comparaison de
luy, ainsi est-il lié & blessé par Iesus Christ
nostre maistre & le plus fort, & en son nom
& par ses Anges & ministres ; c'est pourquoy
ceux qui ne desirent d'estre blessés du diable,
il faut necessairement qu'ils demeurent en la
protection de Dieu. Or ces diables emprun-
tez, apres s'estre donnez vn plaisir de chapitrer nostre jeune homme, ils en firent aduertir son Maistre, qui ne pouuant s'imaginer
telle chose de son Escholier, voulut se trouuer à l'assignation qu'ils luy auoient donné
pour le lendemain, à laquelle il ne manqua
de s'y trouuer pour receuoir les promesses
que l'autre luy auoit fait, là où en fin apres
auoir receu deux jettons pour deux pieces
d'or, & quelque papier, dans lequel il n'y a-
uoit aucune chose, il fut derechef chapitré,
estant tellement abusé, qu'il croyoit que ces
choses se faisoient à ceux qui desiroient a-
uoir quelque secrets & subtilitez du diable.
Mais comme il eut recogneu le lendemain
qu'il n'auoit rien receu que des coups, il fut
trouuer celuy qui luy auoit donné ceste sub-
tile instruction, auquel il fit sa plainte, d'autant, disoit-il, que ces diables l'auoient a-
busé : mais celuy cy s'estant enquis en quel

forte il eſtoit allé à ceſte conſultation. Noſtre abuſé luy reſpondit qu'il ne s'eſtoit au-
cunement deſguiſé, y eſtant allé auec ſa ſou-
tane, l'autre ſe ſeruant de ce pretexte luy fit
entendre que les diables haiſſoient extréme-
ment les ſoutanes, & principalement des be-
neficiers, & que ſãs doute cela ſeul auoit eſté
ſe, qu'il n'auoit eu le contentement qu'il eſ-
peroit y receuoir ; ſi bien que noſtre miſerable le quitta pour ceſte heure, auec eſperance d y retourner autrement reueſtu & ſans
robbe. Lors qu'il quitta ſon compagnon,
la cloche de Claſſe auoit ſonné, ſi bien que
pluſieurs Eſcholiers qui auoient eſté aduer-
tis de ceſte Hiſtoire, le voyant commen-
cerent à le ſiffler & à ſe mocquer à bon eſ-
cient de luy ; & le malheur voulut que pour
augmenter d'auantage ſa honte, ſon pere le
vint viſiter ce meſme iour, à qui l'Hiſtoire
fut recitee Ce bon Pere voyant la mauuaiſe
inclination de ſon fils luy fit vne telle repri-
mande que le ieune homme en penſa deſeſ-
perer de honte comme de fait ; car la nuit
enſuiuant, il ſe reſolut de ſe gliſſer par vne
petite feneſtre qui eſtoit en ſon eſtude, d'où
il eſtoit impoſſible qu'il peuſt deſcendre.
Eſtant au dernier eſtage du corps du
logis, l'vn des plus eſleuez de tout le quar-

tier, neantmoins tous ces perils ne luy em-
pefcherent de mettre en execution fon def-
fein ; car ayans liez quelques draps par en-
femble, croyans par ce moyen qu'il ne tom-
beroit de fi haut, le malheur voulut que les
mains luy manquerent fortant de la fene-
ftre, & tomba ainfi de cinq à fix eftage de
hauteur dans vn petit jardin , fans neantmoins fe faire trop de mal, car foit que les
voifins ou ceux de fa chambre l'ouïrent
tomber, on fit voir en ce lieu dans lequel
on le rencontra, lequel couroit d'vn cofté
& d'autre pour en fortir. Il fut repris, & ren-
du entre les mains de fon pere, eftant à pre-
fent trauaillé d'vne forte maladie, comme il
eft tres-croyable qu'il ne peut eftre tombé
d'vn fi haut lieu fans s'eftre offenfé quelque
partie du corps, fi ce n'a efté par la grace de
Dieu qui l'a voulu preferuer, afin de luy dô-
ner le temps de recognoiftre fa faute par les
bonnes prieres qui fe font iournellement en
cefte Maifon, pour le falut de ces pauures
ames.

Voyez, Meffieurs , combien nous deuons
inciter les vns les autres à rechercher la lu-
miere celefte & la grace de Dieu. Nous qui
conuerfons dans les tenebres de ce monde,
eftans affis en l'ombre de la mort: c'eft à dire

au milieu des chofes qui nous peuuēt nuire, embraffant, & fuiuant des menfonges pour la verité, & le mal pour le bien, comme font les mondains, & ceux qui s'abandonnent aux voluptez, lefquels n'eftans illumminez, s'arreftent aux vanitez de ce monde trompeur & periffable, parce que Satá les a amor-cez és honneurs, richeffes & voluptez de ce fiecle vain & contagieux, eftant toufiours plein de tromperies.

PERMISSION.

IL eft permis à René Bretet marchand Li-braire en l'Vniuerfité de Paris, d'impri-mer l'*Hiftoire Tragique & tres-remarquable, ar-riuee depuis peu de iours en la perfonne d'vn jeune Eftudiant au College de Montaigu, & des chofes qui en font enfuiuies* : Auec deffences à tous Libraires de les contrefaire, fur peine de confifcation des exemplaire & d'amende.

F I N.